Le livre

Le rituel hawaiien du pardon, Ho'oponopono, part du principe que tout est *un* dans le monde, même si nous nous sentons séparés. Sur la base de cette solidarité, rien ne peut arriver dans notre propre monde sans qu'il se produise aussi une résonance chez l'observateur. C'est pourquoi l'on ne peut résoudre les problèmes extérieurs qu'en guérissant la résonance intérieure. Ho'oponopono se compose des quatre phrases miracles qui en résultent : « Je suis désolé(e). Je te prie de me pardonner. Je t'aime. Merci. » Dans ce petit livre, Ulrich Emil Duprée décrit le Ho'oponopono avec simplicité, de sorte que chacun(e) peut le mettre en pratique immédiatement.

L'auteur

Ulrich Emil Duprée est un chercheur spirituel et un maître. Il est écrivain et organisateur de séminaires. Il a reçu une formation en yoga, a étudié la philosophie et la métaphysique. Il a notamment vécu dans un monastère hindouiste, où il a étudié les écrits anciens en sanskrit. Vous trouverez des informations complémentaires sur www.heile-dein-herz.de

Ulrich Emil Duprée

Ho'oponopono

Le rituel hawaïien du pardon

Éditions Contre-Dires
19, rue Saint-Séverin
75005 Paris

Titre original : *Ho'oponopono, Das hawaiianische Vergebungsritual*

Traduit de l'allemand par Claude Dhorbais

ISBN : 978-2-84933-248-1

www.editions-tredaniel.com
info@guytredaniel.fr

Photo de couverture : Fotolia

Sommaire

Introduction

Chères lectrices, chers lecteurs,

Dans ce livre, il est question du pardon. Comment ne pas commencer par une histoire dramatique de victime ? C'était peu après Noël 1970, j'avais huit ans à l'époque lorsque mon père, devant moi, est mort sur le tapis. Pourquoi ? Qu'est-ce que la justice ? Y a-t-il un sens ? À la recherche de réponses à ces questions, j'ai fait la connaissance, en 1983, de mon premier maître spirituel, le Pr Joachim Scharfenberg, théologien et psychanalyste. C'est à lui et à sa femme que je dois notamment mon initiation au monde des pythagoriciens et à celui de Rudolf Steiner. Depuis lors, je vis comme chercheur indépendant, je voyage et je dirige des séminaires – et j'ai aussi été moine.

Dans ma vie, j'ai eu la chance de pouvoir cheminer avec de grandes âmes et, ce faisant, j'ai tout de suite suivi intensément deux voies spirituelles : la doctrine chrétienne, issue de mon histoire familiale, et l'hindouisme, comme une sorte de patrie spirituelle d'élection. Extérieurement, ces deux voies paraissent bien différentes ; elles ne sont cependant que des tableaux scéniques de la même pièce, de l'unique vérité, qui se manifeste en tout temps et dans toutes les cultures.

En cherchant des réponses et la source de tout être, j'ai trouvé dans le Ho'oponopono, le rituel hawaiien du pardon, une nouvelle clé qui ouvre des portes ; une clé dont je suis profondément reconnaissant. Parvenu en ce point, je voudrais exprimer mes remerciements et mon profond respect à tous ceux qui, partout dans le monde, ont laissé derrière eux diverses clés, et feront cela aussi dans l'avenir.

Protégée dans l'isolement d'un petit archipel situé au milieu de l'océan Pacifique, une méthode simple mais très efficace a résisté au temps. Je voudrais vous présenter cette fleur d'Hawaii, qui est tout à fait tendre et fragile, voire sacrée, et qui est pourtant considérée comme la méthode la plus efficace pour résoudre les problèmes et les conflits. Bienvenue dans le monde du Ho'oponopono.

L'histoire du Ho'oponopono

Les racines du Ho'oponopono remontent loin dans le passé, à des millénaires, au temps de l'Atlantide, des lémures et de la haute époque védique. Le Ho'oponopono appartient à un système d'anciennes doctrines hawaiiennes, le « Huna ». *Hu* signifie « savoir » et *na* signifie « sagesse », et les détenteurs de ces anciennes doctrines s'appellent *hakunas*, les spécialistes du Huna. Ne faire que savoir quelque chose, sans agir en fonction de ce savoir, est tout simplement un non-savoir, car la sagesse se manifeste en ceci que l'on fait ce que l'on sait. Le Ho'oponopono vit donc de par le fait qu'on agit, et je vous invite ainsi, dans ce petit livre, à pénétrer dans un monde plein de sagesse, de merveilles et de beauté. Un monde que vous avez toujours pressenti mais que vous n'avez pu saisir jusqu'ici.

Si vous avez envie de vous occuper davantage du thème « Huna », je vous recommande un important trésor de la littérature germanophone, *Das Huna-Kompendium* du Dr Diethard Stelzl[1].

1 Stelzl, Dr Diethard, *Das Huna-Kompendium. Therapeutische Anwendung der schamanischen Weisheit Hawaiis* [Compendium du Huna. Application thérapeutique de la sagesse chamanique d'Hawaii]. Schirner 2009.

Les Hawaiiens nomment leur archipel « Pays d'Aloha », pays de l'amour. « Aloha » est l'essence de la doctrine Huna, du savoir et de la sagesse, et il constitue la base du Ho'oponopono. *Aloha* signifie « je vois le divin en toi, et je vois le divin en moi ». Il faut entendre que vous et moi, votre voisin et le président de la Maison-Blanche accomplissons un voyage commun, et qu'il n'y a qu'une seule force dans l'Univers, à savoir l'énergie du pur amour, « mana Aloha ». Le seul impératif d'Aloha est le suivant : ne jamais blesser, aider toujours. Ne blesser personne commence par soi-même. Par conséquent : aime ton prochain comme toi-même. « Mana Aloha » est l'essence de Dieu, cette énergie qui pénètre tout. Les moines hindouistes avec lesquels j'ai vécu appelaient cette énergie *bhakti*, « dévouement », et les moines tibétains que j'ai rencontrés la nommaient « compassion ». Il ne s'agit pas là d'une simple émotion, mais d'une énergie directement expérimentable, qui influence la réalité et en crée une nouvelle. Le Ho'oponopono est cette compassion en action, et par conséquent aussi le thème de ce livre.

Les problèmes du monde sont apparus – rapporte une histoire des débuts de l'humanité – lorsque nous tombâmes dans l'erreur selon laquelle il y aurait non pas une force, mais deux : le bien et le mal. À la place de la compassion et du fait que tout est *un*, le jugement apparut et l'homme fit un pas de l'unité vers la séparation – le premier saut de l'histoire.

Le Ho'oponopono est un système simple en quatre démarches pour retrouver l'unité, la paix intérieure et faire retour à l'harmonie. Le Ho'oponopono consiste à résoudre radicalement un problème et à le transformer en bien. Il exprime le besoin profond de vivre de nouveau en harmonie avec soi-même, avec les hommes, avec la nature et avec Dieu. *Ho'o* veut dire « faire », *pono* se traduit par « correct(ement) ». *Ponopono* serait ainsi « correctement correct », et *Ho'oponopono* signifie tout simplement « faire de façon correctement correcte ». « Faire de façon correctement correcte », c'est se relier avec son *soi* supérieur et avec la source de tout être – effectuer un retour en son propre centre, à l'harmonie, retrouver l'équilibre, changer et modeler la réalité. « Faire de façon correctement correcte », c'est remettre sur le bon chemin un projet qui avait quitté son cours, c'est redevenir physiquement et mentalement sain(e), c'est accéder au bonheur et au bien-être.

Qu'est-ce que le Ho'oponopono ?

Ho'oponopono est une méthode de purification spirituelle et mentale, un nettoyage des peurs, des angoisses et des soucis, des modèles comportementaux destructifs, des vieilles croyances, qui s'opposent à notre évolution personnelle et spirituelle. C'est un nettoyage des blocages qui se trouvent dans nos pensées et dans notre structure cellulaire, car nos pensées se manifestent dans notre corps.

Cette méthode d'origine hawaiienne se fonde sur la compréhension que nous vivons dans un Univers d'abondance et que Dieu (*akua*, la source originelle) souhaite cette abondance et cette perfection pour lui-même et aussi pour nous. Or, ce qui s'appose à notre expérience d'un authentique accomplissement, d'un aimable vivre ensemble, de la richesse intérieure, de la croissance spirituelle et de la santé parfaite, c'est nous-même. C'est notre pensée, fondée sur des expériences d'évaluation qui ont depuis longtemps perdu leur validité. C'est le fait de nous cramponner à des peurs et à des soucis, à des préjugés, à des doutes, à la conscience négative des masses, qui nous empêche de vivre notre perfection.

Imaginez que vous tenez dans chaque main une grosse pierre. Si je voulais vous donner maintenant un billet de 500 euros, vous devriez commencer par lâcher les pierres. Il en va exactement de même avec nos modèles, nos préjugés, nos évaluations et les cadeaux de l'Univers. Le secret, pour pouvoir recevoir quelque chose, réside dans le lâcher prise, dans la confiance que nous pouvons lâcher sans être blessé(e).

Le rituel de pardon Ho'oponopono est l'amour en action. On se pardonne, et on pardonne aux autres, de s'être mutuellement blessés à un moment ou un autre, ou bien de ne pas avoir aidé. « Faire de façon correctement correcte » est un processus simple, en quatre démarches, au moyen duquel on apprend à se pardonner soi-même inconditionnellement, à s'aimer et enfin à mieux faire. C'est comme si vous formatiez le disque dur de votre ordinateur. Vous effacez simplement les données qui accablent lentement votre vie.

Chaque fois que quelque chose nous heurte, que nous nous sentons en dysharmonie, que nous identifions un conflit ou un problème, nous pouvons faire un Ho'oponopono.

1. Nous prions pour obtenir la connaissance transcendantale, le courage, la force, l'intelligence et le calme.
2. Nous décrivons le problème et cherchons ensuite dans notre cœur la part que nous y avons. Cette part peut être par exemple un jugement, un certain comportement ou un souvenir, qu'il s'agit de guérir.
3. Nous pardonnons inconditionnellement et prononçons les quatre phrases miracles. Je suis désolé(e). Je t'en prie, pardonne-moi. Je t'aime. Merci.
4. Nous remercions, faisons confiance et lâchons prise.

Grâce à cette méthode simple et élégante, des problèmes et des défis tout à fait personnels, mais aussi des conflits au sein d'une communauté ou d'un groupe, peuvent être résolus. C'est ainsi qu'un

Ho'oponopono se révèle efficace dans tous les domaines du couple et de la famille, de la profession, de la santé et de la finance, et que le Dr Joe Vitale – dans le livre qu'il a écrit en collaboration avec le Dr Ihaleakala Hew Len, *Zero Limits* – donne au livre le sous-titre suivant : « Le système hawaiien secret pour l'abondance, la santé, la paix et davantage[2]. »

Il existe plusieurs variantes de Ho'oponopono et, dans ce petit livre, vous faites connaissance avec deux d'entre elles, dans un aperçu qui vous fournit une aide immédiate. Premièrement, Ho'oponopono en tant que méthode de purification, grâce à laquelle vous pouvez vous débarrasser de vos blocages internes et de vos programmes de sabotage du flux de la vie (« j'ai des doutes ») et des cadeaux de l'Univers (« je n'ai pas mérité cela »). Deuxièmement, Ho'oponopono en tant que réunion familiale – tel qu'il est pratiqué traditionnellement à Hawaii et trouve son application dans le travail social et le travail avec les jeunes.

2 Vitale, Joe/Hew Len, Ihaleakala, *Zero Limits. The Secret Hawaiian System for Wealth, Health, Peace and More*. Wiley 2007.

Pour moi, le Ho'oponopono est quelque chose comme des bottes de sept lieues thérapeutiques. C'est une sorte d'ascenseur express pour mon développement personnel et spirituel, car toute situation, toute rencontre et tout événement qui apparaît à mon horizon expérimental a une signification. Grâce à ce processus en quatre démarches, nous pouvons, vous et moi, déchiffrer ces messages intérieurs et cachés des événements.

Ho'oponopono est axé sur la pratique et, pendant que vous lisez ce livre, vous pouvez déjà commencer à défaire le nœud gordien de votre cœur et à restructurer votre monde.

L'histoire du Dr Ihaleakala Hew Len

Ho'oponopono est considéré comme la méthode la plus efficace jamais inventée dans une culture pour la solution des problèmes et des conflits. Il a surtout été connu par le Dr Ihaleakala Hew Len et son histoire de guérison de 28 prisonniers atteints de maladies mentales. Cet événement est considéré comme un miracle thérapeutique et montre combien Ho'oponopono est efficace. Il est d'ailleurs considéré aux États-Unis comme une thérapie reconnue, et il existe déjà plus de 50 études, même sur le pardon au plan diplomatique.

En 1983, le Dr Ihaleakala Hew Len fut prié par une personne de ses connaissances de travailler dans le service psychiatrique de la prison d'État de Kaneohe, à Hawaii. Il y avait là 30 prisonniers malades mentaux face à une pénurie de personnel. Il y avait une raison à cela : l'établissement et le travail qui y était effectué étaient généralement considérés comme « l'enfer ». La majorité des employés étaient malades, impropres au service ou bien démissionnaient le plus vite possible après leur engagement. Le Dr Ihaleakala Hew Len accepta d'y travailler – mais à la condition d'être autorisé à utiliser une méthode qu'il venait d'apprendre. Il fut convenu qu'il ne lirait que les dossiers médicaux des prisonniers et qu'il n'aurait aucune conversation avec les détenus.

Que fit le Dr Ihaleakala Hew Len ? Au cours des quatre années qui suivirent, il lut plusieurs fois par jour les récits des prisonniers et se demanda constamment : « Qu'y a-t-il en moi en matière d'obscurité, de négatif, de violence et de laideur pour qu'une telle chose arrive dans ma vie ? Quelle est ma part dans le fait que mon frère ait fait une chose pareille ? » Chaque fois qu'il avait découvert quelque chose dans son cœur (violence, agressivité, haine, vengeance, envie, jalousie – tout l'éventail des bassesses humaines), il disait :

Je suis désolé. Je te prie de me pardonner.
Je t'aime. Merci !

Le Dr Ihaleakala Hew Len travaillait exclusivement à la purification de son cœur et de sa conscience et, après qu'il eut fait un Ho'oponopono pendant un an et demi, l'humeur, l'ambiance et le climat changèrent dans l'hôpital de la prison. Au bout de 18 mois, aucun des prisonniers ne portait plus de menottes. Le personnel, surveillants et thérapeutes, se rendait volontiers dans le service, et le nombre de malades diminuait. Les entretiens thérapeutiques avec les prisonniers devinrent possibles et, au bout de quatre ans, tous les détenus étaient guéris, à l'exception de deux d'entre eux. L'établissement fut finalement fermé.

Le Dr Ihaleakala Hew Len a-t-il guéri quelqu'un ? Il est sûr que les intéressés disent *oui*. Cependant, le Dr Ihaleakala Hew Len a déclaré dans une interview qu'il n'avait fait que travailler à sa propre purification et à l'effacement d'informations dans son subconscient. Il n'a pas parlé de guérison, mais il a affirmé que la résolution de chaque conflit avait réussi parce qu'il avait repris 100 % de la responsabilité pour la présence des prisonniers dans sa vie.

La puissance du pardon

Les pensées destructrices concernant les événements du passé ne rendent meilleurs ni le monde ni notre vie. Au contraire : le feu qui couve sous les vieilles déceptions, sous la colère et la rage, ou encore le cocktail de toxines issu de la jalousie et de la rancune ne font qu'assombrir et alourdir le cœur. On se détourne des hommes, qui ont l'odeur du sarcasme.

Il y avait une fois deux moines qui, dans leur cheminement, étaient parvenus au bord d'une rivière. Il y avait là une jeune fille, qui dit : « Je ne sais pas nager. Si vous voulez, ô dignes sages, traverser aussi la rivière, je vous serais reconnaissante si l'un de vous me portait sur l'autre rive. » L'un dit aussitôt : « Venez et grimpez sur mes épaules » et, ensemble, tous trois traversèrent la rivière à gué. Sur l'autre rive, la jeune fille prit congé, et les deux moines poursuivirent leur voyage. Ils se taisaient, mais quelque chose semblait tourmenter l'un d'entre eux : « Qu'y a-t-il, mon ami ? Tu sembles fâché » dit celui qui avait porté la jeune fille. L'autre le rabroua : « Idiot, comment as-tu pu avoir un contact avec une jeune fille ? Nous sommes des moines et menons une existence solitaire. » L'autre répondit : « C'est vrai, j'ai porté cette jeune fille pour traverser la rivière mais, à ce que j'entends, c'est toi qui sembles la porter maintenant. »

Le pardon libère. Il nous libère d'une charge que nous ne pouvons ni ne voulons porter. Qui voudrait porter toute sa vie sur ses épaules un gros sac à dos plein de problèmes, de vieux conflits et de peurs ? Le pardon guérit et rend la vie plus légère. Le pardon est surtout un cadeau que l'on se fait à soi-même. À Hawaii, on dit que, après le pardon, l'affaire est *oki*, « réglée », et on ne l'agite plus.

Le pardon n'est pas une chose unique,
le pardon est un style de vie.

Dr Martin Luther King

Pardonner et oublier, cela s'apprend, on peut s'y exercer – comme pour toute chose, la course à pied ou la peinture par exemple. Si ça ne marche pas du premier coup, on peut commencer par faire semblant. C'est comme avec une affirmation. D'abord, une affirmation – par exemple « je suis beau/belle, et mon corps est bien fait » – peut rendre un son tout à fait absurde ; mais il vient un moment où l'on dit : « Oui, oui, c'est vrai, je le vois. » Il est intéressant de noter que d'autres personnes le voient alors également, et nous sommes confirmés. Nous vivons en grande partie ce que nous émettons dans le monde, en matière de pensées et de sentiments. Le monde semble ressembler à un grand miroir, car il reflète ce que nous ressentons profondément dans notre cœur.

Quand nous faisons preuve de compassion,
nous augmentons le bonheur de ce monde.
Quand nous pensons négativement,
nous augmentons la souffrance.

Le centre du Ho'oponopono : les quatre phrases miracles

Dans les petits exercices et exemples, nous allons appliquer ensemble les quatre phrases miracles du Ho'oponopono à la solution des problèmes et des conflits. C'est très simple, veuillez entrer tout de suite dans la danse. Chaque fois que quelque chose vous dérange, quand quelque chose vous énerve, que vous avez envie de faire demi-tour et de fuir, et surtout quand quelqu'un vous attaque de front, dites en pensée les phrases suivantes :

Je suis désolé(e).
S'il te plaît, pardonne-moi.
Je t'aime.
Merci.

Ces quatre phrases agissent comme une sorte de mantra ou de formule magique, elles sont comme une méditation. Elles agissent à travers l'espace et le temps, au-delà de la cause et de l'effet, et s'adressent directement à votre *soi* supérieur, à votre subconscient et à votre conscience éveillée. Au bout de peu de temps, vous accédez à la paix intérieure, et votre dysharmonie se transforme en harmonie. Vous quittez la séparation pour entrer dans l'unité quand vous dites :

Je suis désolé(e). Je t'en prie, pardonne-moi.
Je t'aime. Merci.

Que signifient ces quatre phrases ?

Je suis désolé(e).

Je m'excuse. Je perçois que je souffre, et cela me relie à mes sentiments. Je ne rejette plus le problème, mais je reconnais mon devoir d'apprentissage. Moi ou mes ancêtres (à travers lesquels je suis relié[e] énergétiquement, génétiquement, ainsi qu'à travers la tradition et l'histoire) avons causé de la souffrance. De par la force du mot prononcé, je suis maintenant libéré de cette faute.

Je t'en prie, pardonne-moi.

Je te prie de me pardonner que moi ou mes ancêtres ayons gêné *toi et moi* dans notre évolution, consciemment ou inconsciemment. S'il te plaît, pardonne-moi d'avoir agi contre les lois divines de l'harmonie et de l'amour. S'il te plaît, pardonne-moi de t'avoir jugé jusqu'ici (toi ou la situation) et d'avoir méprisé dans le passé notre identité spirituelle et notre solidarité.

Je t'aime.

Je t'aime, et je m'aime. Je vois et je respecte le divin en toi. J'aime et j'accepte la situation telle qu'elle est. J'aime le problème qui m'est survenu pour m'ouvrir les yeux. Je nous aime, moi et toi, de façon inconditionnelle, avec toutes nos faiblesses et tous nos défauts.

Merci.

Merci, car je comprends que le miracle est déjà en chemin. Je remercie Dieu et les anges pour la transformation de mon affaire. Merci, car ce que j'ai reçu, et ce qui s'est passé, c'est ce que j'ai mérité de par la loi de la cause et de l'effet. Merci, car par la force du pardon je suis maintenant libéré(e) du lien énergétique du passé. Merci de pouvoir reconnaître la source de tout être, et d'être relié(e) à elle.

Quand tu te lèves le matin,
dis merci pour la lumière du jour,
pour ta vie et la force que tu possèdes.
Si tu ne vois aucun motif de dire merci,
c'est ton problème.

Tecumseh

Problèmes et conflits

Le mot *problème* vient initialement du grec et renvoie à une tâche ou à un litige. Littéralement traduit, il signifie : « Les dieux nous jettent une pierre devant les pieds. » Les maîtres de l'Olympe et le destin ne font pas cela pour nous agacer, mais afin que nous grandissions. Chaque problème est un défi et représente une tâche d'apprentissage. À chaque défi, que ce soit un nouveau collègue, le voisin, une panne, une maladie, une crise relationnelle ou un trou financier dans le bas de laine, nous sommes autorisés à grandir. Problèmes et êtres humains, que nous considérons peut-être comme nos ennemis, sont en vérité nos meilleurs amis, car ils nous montrent à quoi nous devons travailler. Nous pouvons dire aussi : la vie est constituée d'une série d'épreuves qui nous montrent où nous en sommes.

Un exercice Ho'oponopono

Adossez-vous confortablement et pensez à un problème que vous-même ou un bon ami porte/portez encore. Visualisez ce problème et ressentez-le en vous-même. Quels sont les sentiments qui se présentent ? Respirez tranquillement et relaxez-vous. Observez vos sentiments et le problème. Prononcez maintenant les quatre phrases et lisez les explications qui les concernent. Restez un observateur/une observatrice. Répétez les quatre phrases miracles jusqu'à ce que vous éprouviez un sentiment de compréhension et de compassion. Merci.

Nous sommes habitués à considérer notre monde de façon duelle. Nous voyons simplement ou difficilement, en haut ou en bas, riche ou pauvre, noir ou blanc. C'est comme avec une pièce de monnaie. C'est une seule pièce, mais nous voyons deux côtés. Nous considérons exactement de la même manière nos conflits personnels et internationaux. Nous nous voyons nous-même, et nous voyons le conflit. Nous regardons la victime (c'est peut-être nous-même), et nous voyons le ou les coupable(s). Et puis nous disons : « Les autres ont tort », signifiant par là que les autres nous doivent notre bonheur. Ce qui est intéressant, c'est d'interroger ces personnes que nous tenons pour coupables : ceux que nous rendons responsables de notre mal-être parce qu'ils ont volé notre bonheur, ceux qui nous menacent, nous blessent ou contre lesquels nous opposons une résistance, ceux que nous évitons au travail ou dans la rue ou encore ceux qui simplement nous provoquent. Si vous interrogez ces personnes pour savoir pourquoi elles agissent ainsi, elles vous donneront vraisemblablement l'une des réponses suivantes : « Je fais de mon mieux, et je ne puis faire autrement. C'est toi qui l'as voulu ainsi. Je suis une victime de la société et des circonstances… » En d'autres termes, presque tous les coupables se décrivent eux-mêmes comme victimes.

Anticipons un peu : c'est ici qu'intervient Ho'oponopono sous forme de réunion familiale, de conseils donnés aux couples et dans le travail social. Toutes les personnes intéressées à un conflit se demandent directement comment elles ont participé au problème, demandent un pardon inconditionnel et accordent elles-mêmes ce dernier. On ne cherche aucun compromis, mais le consensus maximal, et l'on se rencontre à un niveau spirituel élevé.

Mais revenons à notre métaphore. Victime et coupable s'excluent. Ils sont comme les deux faces d'une pièce de monnaie. Mais si, par exemple, je ne rejette plus ma maladie, mes collègues ou mes fautes, si je les intègre et les utilise comme tremplin pour la croissance et la connaissance transcendantale, je fais un saut en direction de la perfection. Je récupère le pouvoir de façonner mon monde.

L'expérience n'est pas ce qui vous arrive.
L'expérience, c'est ce que l'on fait de ce qui vous arrive.

Aldous Huxley

Nous avons rarement une influence sur les actions d'autrui, mais nous pouvons décider comment nous pensons à leur propos, comment nous ressentons et quelles conséquences nous en tirons. Nous avons le choix de nous rendre prisonnier de nos propres pensées ou de nous libérer et de grandir.

Le Ho'oponopono renverse la vision du monde des victimes habituées de la table d'hôte, car…

… le problème est chez moi, et c'est pourquoi j'ai affaire à lui ;

… si je change, je puis changer quelque chose ;

… je peux changer, et j'ai ainsi le pouvoir de changer quelque chose.

S'il vous plaît, sortez de l'ombre et récupérez votre pouvoir de changer quelque chose.

Ho'oponopono est un outil puissant pour résoudre les conflits. Ayez simplement confiance en la force de l'amour et du pardon. Dites simplement :

Je suis désolé(e). S'il te plaît, pardonne-moi.
Je t'aime. Merci.

Un exercice Ho'oponopono

Adossez-vous confortablement et pensez à une personne à l'égard de laquelle vous avez des réserves, que vous évitez ou même avec laquelle vous êtes en conflit. Centrez-vous sur votre ressenti intérieur et percevez maintenant votre sentiment principal. Devenez un observateur/une observatrice. Observez et décrivez ce sentiment aussi exactement que possible. Résumez-le ensuite en un mot (par exemple peur, tristesse, colère…). Inspirez profondément et dites : « Tout comme moi, cette personne a vécu (nommez le sentiment), et je ressens avec elle. Je suis désolé(e). S'il te plaît, pardonne-moi. Je t'aime. Merci. » Veuillez répéter cet exercice et lisez encore une fois les explications des quatre phrases. Merci.

Le Ho'oponopono et les lois spirituelles

La loi de la cause et de l'effet

Nous vivons dans un Univers de cause et d'effet. Toute pensée, tout sentiment et toute parole se fondent sur quelque chose qui a précédé. Tout ce que nous faisons, mais aussi tout ce que nous ne faisons pas (par exemple en refusant une aide à quelqu'un ou en ignorant une personne), a un effet énergétique. Cela signifie que chacune de nos pensées, la totalité de nos paroles et de nos actes ont un effet, lequel devient à son tour la cause de nouvelles actions et donne ainsi naissance à un nouvel effet. De proche en proche, nous vivons un gigantesque réseau de causes et d'effets. Cette loi de causalité réalise dans l'Univers l'équilibre énergétique. Sur le plan matériel, cela occasionne une perpétuelle transformation de toutes les substances et, sur le plan spirituel, cela garantit notre processus d'apprentissage : nous récoltons ce que nous semons.

Maladies de civilisation, catastrophes environnementales, augmentation de la violence dans les écoles sont-elles des hasards ? Non, ce sont les résultats de ce que les hommes font et ne font pas, individuellement et collectivement. La loi de la cause et de l'effet lie l'homme à ses agissements et, en tant que loi spirituelle, rend les choses prévisibles. Il n'y a pas de Dieu vengeur. Il y a le principe de causalité, qui gouverne sans émotion.

Toutes les choses sont reliées entre elles

Grâce aux acquis de la physique quantique, nous savons aujourd'hui que, effectivement, tout est relié à tout – maintenant, en cet instant, du fait que les plus petites pierres de construction de la réalité, les quanta, sont reliées par un champ indépendant de l'espace et du temps.

Votre corps est peut-être aussi constitué en partie d'atomes et de molécules qu'a également portés en lui l'un de mes ancêtres, Jules César ou Néfertiti. Tout, sur la Terre, appartient à la matière de cette planète ; et, tout comme nous sommes reliés entre nous sur le plan grossier, nous le sommes aussi, sur le plan subtil, par notre esprit. Notre conscience est une partie de l'esprit du monde, qui est omniprésent et pénètre tout. Chacun d'entre nous possède un *soi* élevé, un inconscient collectif, une conscience archétypale et, en supplément, porte en lui un aspect de Dieu. Que nous considérions les choses d'un point de vue physique, mathématique, chimique, musical ou spirituel – nous tous, vous et moi, l'homme et l'animal, la plante et la nature, sommes reliés ensemble. En commun, nous formons un tout, et sommes en même temps des individus.

Je voudrais vous décrire encore un étonnant phénomène, qui n'a été découvert que grâce à un nouveau procédé de mesure : le champ électromagnétique que produit notre cœur a un rayon mesurable d'environ huit mètres. Cela signifie que nous nous interpénétrons mutuellement au cinéma, dans l'autobus, dans la salle d'attente ; partout et simultanément, nous nous pénétrons avec nos sentiments, nos désirs et nos intentions.

Tout ce qui a été une fois existe toujours,
mais sous une autre forme.

Sagesse hopi

Tout est vibration

Au début, il y eut la parole, le logos, le big-bang, la syllabe AUM et le son. Tout vibre. Dans cet Univers, il n'y a pas d'interruption. Tout oscille, pulse rythmiquement, tournoie et se meut en cycles. Tout s'écoule, comme disaient les anciens Grecs, et à chaque instant des milliers de processus microchimiques ont lieu dans chaque cellule de votre corps.

Le son est l'ambiance. Nous parlons parfois d'« ambiance du tonnerre », de « bonnes vibrations » ou d'une « mauvaise humeur ». Nous avons une antenne pour cette sorte de choses et savons dans notre cœur, quand nous pénétrons dans une pièce, « où la musique se joue ». L'Univers est une sorte de grande symphonie et, précisément parce que tout vibre et est relié ensemble, tout s'influence aussi mutuellement. Tous les atomes émettent et reçoivent de l'énergie. Du fait de ce qu'il est convenu d'appeler « le principe de résonance », les vibrations se rencontrent.

Tout comme les crêtes d'onde d'une vibration se renforcent, les vibrations opposées se rencontrent dans les relations coupable/victime. Comme les crêtes ou les creux d'onde se rencontrent et se renforcent, nous voyons aussi le renforcement mutuel dans le travail d'équipe ou dans un partenariat engagé. Dans une équipe, en effet, *un* plus *un* font plus de *deux*, parce que l'on s'inspire et se stimule mutuellement. Tout comme, d'un autre côté, les vibrations opposées s'effacent, on voit bien quand des collègues ne s'entendent pas. Chacun peut bien apporter toutes les qualités du monde, le rendement baisse.

Tout litige, tout jugement, toute condamnation, toute lamentation et toute plainte ne conduisent pas seulement à une chute d'énergie (« je suis lessivé[e] »), mais aussi à une dissonance (« je ne peux plus entendre ça »). Ces dysharmonies s'opposent à l'amour et conduisent à la maladie et à la séparation (« on a envie de fuir »). L'harmonie et la compassion sincère, en revanche, conduisent à la guérison et à l'unité. Parce que tout s'influence mutuellement, je contribue à l'harmonie quand je trouve ma participation à la dysharmonie et que j'entre dans le processus de guérison. Je suis une partie de ce monde. En me guérissant, je guéris le monde. S'il y a quelque part un trouble, je le ressens en moi. Si donc je trouve ma part et que je rentre dans l'harmonie, je participe activement au processus de guérison du monde.

Un exercice Ho'oponopono

Veuillez relire encore une fois le dernier paragraphe et vérifier dans quelles situations vous vous sentez lessivé(e), vous ne pouvez ou ne voulez plus entendre quelque chose ou quand quelque chose vous donne envie de fuir. Inscrivez ces situations sur une feuille de papier et réalisez qu'il y a là des expériences qui veulent être guéries et délivrées.

Faites maintenant, pour chaque situation, un Ho'oponopono, en acceptant ces situations comme tâches d'apprentissage. Méditez là-dessus, et répétez les quatre phrases miracles.

Je suis désolé(e). S'il te plaît, pardonne-moi.
Je t'aime. Merci.

Pardonnez-vous vous-même de vous être placé(e), dans le passé, dans de telles situations. Abandonnez simplement la résistance, car tout ce contre quoi nous nous défendons nous revient avec encore plus de puissance.

L'homme, un esprit de l'esprit de Dieu

Nous sommes beaucoup plus que ce corps physique. Nous sommes aussi beaucoup plus que nos pensées. Nous ne sommes pas ce corps, mais nous avons ce corps. Nous ne sommes pas non plus nos pensées, mais nous avons des pensées, et ces dernières, souvent, ne sont même pas les nôtres, mais par exemple une réflexion sur le gros titre d'un quotidien.

Nous – vous et moi, homme, animal et plante – sommes des êtres spirituels. Le noyau, notre vraie identité, est divin. C'est ce qui ne vieillit pas mais a toujours été et sera toujours. Cette étincelle divine non matérielle s'appelle en hébreu *odem* et, en sanskrit, *atman*. Le concept Huna est *kane,* « un esprit de l'esprit de Dieu ». Comme une goutte de l'océan possède tous les éléments et propriétés chimiques de l'océan, nous avons aussi dans notre pure conscience toutes les qualités de Dieu – mais seulement dans une faible mesure. Qualitativement, nous sommes pareils à Dieu, mais différents quantitativement. Vous et moi ne sommes donc pas des êtres matériels qui faisons une expérience spirituelle. Au contraire. Nous sommes, de nature, des êtres vivants spirituels, non physiques, qui faisons une expérience matérielle, et nous nous trouvons tous dans un voyage commun.

Le monde est ce que nous croyons

Imaginez que vous traversez une phase d'inertie. Si vous n'avez aucun impératif urgent, vous pouvez aborder cette période avec nonchalance. Si en revanche votre emploi, votre relation ou même votre vie sont en jeu, l'affaire prend une tout autre dimension. Pour l'un, l'inertie peut être salvatrice, pour l'autre, une véritable catastrophe.

Du point de vue bouddhique, chaque situation, chaque événement et chaque objet est d'abord vide. Tout acquiert une signification par le fait que nous le considérons. Dans le Huna, on dit que le monde est ce que nous pensons qu'il est. Notre monde est subjectif.

Il est clair pour nous tous que le monde est beaucoup plus que ce que peuvent percevoir nos sens limités. La portée et l'éventail de perceptions de nos yeux, de nos oreilles, de notre nez, de notre peau et de notre langue sont limités et différents d'une personne à l'autre. En même temps, dans le flux des informations et des données qui nous atteignent, notre cerveau filtre uniquement ce qui nous paraît important et convient à notre conditionnement culturel. Le monde agit sur nous et nous éprouvons la réalité comme le résultat de nos expériences du passé. Ce passé, nos pensées et sentiments, nos opinions et interprétations forgent notre monde. La vérité accouche d'une réalité : ce qui agit sur nous.

Tu es aujourd'hui là où tes pensées t'ont mené(e),
et tu seras demain là où tes pensées te conduiront.

James Allen

Avec chaque pensée et avec chaque parole, nous créons notre avenir. Si nous pensons dans l'amour et la compassion, nous participons à la création d'un avenir harmonieux. Des pensées de doute, de contrecœur et d'amertume nous font devenir les cocréateurs d'un avenir sombre. Les pensées et les paroles d'amour et de pardon élèvent la vibration. Les pensées de jugement et de condamnation abaissent la vibration. À nous de choisir les films qui nous plaisent, ce que nous mangeons, ce que nous croyons et où nous travaillons.

L'esprit du Ho'oponopono

La paix commence avec moi

Dans ses séminaires sur le développement personnel et la programmation neurolinguistique (PNL), Anthony Robbins, expert en management et en psychologie, explique que le succès repose sur les expériences et que les expériences se fondent essentiellement sur les erreurs. Les bévues du passé, une faillite d'entreprise, l'échec d'un mariage ne sont donc des fautes que si nous n'en tirons aucune leçon. En eux-mêmes, ce sont de purs événements et des expériences.

Pendant de longues années, j'ai considéré mes erreurs avec contrariété, et je me suis dégradé intérieurement. Souvent, je pensais avec rancune à ceux qui m'avaient blessé, et je continuais à permettre à ces personnes d'exercer sur moi une violence mentale et un pouvoir. La guérison de mon âme commença grâce à une rencontre littéraire avec Louise Hay. Elle me recommanda de m'aimer moi-même : « Je me pardonne. Je suis désolé(e). Je m'aime. Merci. »

Un exercice Ho'oponopono

Cherchez dans votre passé une faute ou une bévue que vous n'avez pu vous pardonner jusqu'ici. Observez-la de loin. Examinez cet événement et appréciez-le comme quelque chose qui a contribué à votre processus d'apprentissage. (Ne croyez pas que vous auriez pu vous épargner ce faux pas. Si vous ne l'aviez pas fait, il serait encore devant vous.) Pardonnez-vous maintenant de vous en être fâché(e) si longtemps. Prononcez les quatre phrases miracles et lâchez prise pour toujours.

Le pardon est une détoxication physique et mentale simple et efficace. Les pensées négatives empoisonnent notre corps. On tombe d'abord malade mentalement, puis physiquement.

Le stress permanent, l'impatience et la mauvaise humeur acidifient le corps et intoxiquent les cellules. Il en résulte un vieillissement prématuré, un manque d'entrain et une dépression. Un esprit culpabilisé devient mélancolique ; mais, en nous aimant et en nous pardonnant en dépit de nos erreurs, nous fortifions de nouveau notre système immunitaire et nous nous rajeunissons.

Il n'est pas possible de changer les autres hommes, mais chacun peut commencer par soi, agissant ainsi comme modèle pour d'autres. Ce monde peut connaître la paix si nous trouvons l'harmonie en nous, parvenons à la tranquillité et ne cherchons pas le bonheur uniquement à l'extérieur. Quand nous avons la paix en nous, nous pouvons la transmettre. Les êtres humains changent quand ils veulent eux-mêmes changer de direction.

Le seul lieu de l'Univers
que nous pouvons véritablement changer,
c'est nous-même.

Aldous Huxley

Guérir le passé

Dans une vie, il peut arriver des choses qui laissent une blessure difficile à guérir. Peut-être avons-nous été blessé(e) dans notre âme ou dans notre corps. Peut-être avons-nous été victime de mauvais traitements. Quoi qu'il en soit, nous ne pouvons pas faire que ces choses n'aient pas eu lieu ; mais nous pouvons ôter au passé son influence nocive.

Le passé vit en nous sous forme de souvenirs. Il est présent, et l'importance que nous attribuons aux événements du passé proche ou lointain est fonction de nos sentiments. Quelle attitude adoptons-nous face à ce que disent, font ou pensent les autres ?

Quand nous modifions les sentiments que nous rattachons aux événements, nous modifions aussi notre souvenir ; et, quand nous modifions notre souvenir, nous changeons en même temps le présent et l'avenir. Un travail thérapeutique de plusieurs années est parfois nécessaire à cet effet mais, fréquemment, ce saut quantique ne demande que quelques minutes avec Ho'oponopono.

Le moment de la force, c'est maintenant

Je voudrais vous inviter maintenant à un tel saut (quantique). C'est notre subconscient qui est le ressort de nos actions ; et il a été programmé par nous-même ou par d'autres. Peut-être que vos parents vous ont considéré comme un raté, ou que vous avez un conjoint qui cherche à vous contrôler en vous disant combien vous êtes mauvais(e). En fait, la seule chose qui compte, c'est ce que vous croyez. Seul compte ce que vous croyez sur vous-même, l'image que vous vous faites de vous.

Un exercice Ho'oponopono

Veuillez vous placer matin et soir devant un miroir et dites intensément, dix fois de suite :

Je suis désolé(e). Je te prie de me pardonner.
Je t'aime, … (votre prénom). Merci.

Ça ne marchera peut-être pas du premier coup, vous ressentirez peut-être de la colère ou de la tristesse. Quand on ne s'est pas aimé pendant des années, il est difficile de s'aimer du jour au lendemain. Nous vivons nos habitudes, et nous devons peut-être nous habituer à nous aimer. Faites-vous une habitude de vous aimer. Ce n'est pas de l'égoïsme, c'est raisonnable. Penser négativement à propos de soi-même et des autres n'est qu'une habitude. On peut s'en déshabituer.

100 % de responsabilité et 100 % de puissance

Pour la naissance d'un conflit, il faut toujours deux personnes, même quand nous nous querellons avec nous-même et qu'il ne s'agit que du dialogue intérieur à propos de doutes qui nous rongent. Le problème est toujours chez moi, car je suis une partie du conflit. J'y prends part – même quand je n'en suis manifestement pas la cause. Quand j'accepte qu'il y ait en moi une vibration qui a attiré le trouble par le principe de résonance, je me déplace de l'impuissance à la puissance et je peux contribuer un peu à la solution.

Souvent, nous sommes habitués à réagir aux circonstances, aux événements et aux hommes. Assumer 100 % de responsabilité pour tout ce qui entre dans notre vie, cela signifie faire le saut de la réaction à l'action. Le conseiller d'entreprise et coach Stephen R. Covey appelle cela *devenir proactif*. Assumer 100 % de responsabilité, c'est comprendre que je dispose de la libre décision de choisir mes réactions. Quand nous nous comprenons comme êtres spirituels, nous reconnaissons l'égalité de tous les êtres vivants et pouvons développer compassion, compréhension et égalité d'âme.

Le faible ne peut pas pardonner.
Pardonner est une qualité du fort.

Mahatma Gandhi

Quand je jette un coup d'œil en arrière sur tous mes conflits personnels, je puis voir que mes interlocuteurs, tout comme moi, ne cherchaient que l'entente. Témoigner à quelqu'un de la pure compassion, sans évaluation ni jugement, fait tomber les murs protecteurs. Combien de fois ai-je combattu, ou opposé de la résistance, parce que je me sentais incompris ! Le secret de l'effet de la méthode Ho'oponopono de solution des conflits consiste à reculer d'un pas, à ne rien évaluer et à ne juger personne. Grâce à cette absence conséquente de jugement, l'Univers peut entrer en harmonie, et de nouvelles solutions, insoupçonnées jusque-là, peuvent se manifester. Essayez !

Un exercice Ho'oponopono

Veuillez chercher maintenant un problème relatif à la protection de l'environnement, quelque chose en face duquel vous vous sentez impuissant(e) et pour lequel vous êtes d'avis qu'il y a là-bas des gens qui sont responsables de la destruction de la nature.

Visualisez le problème dans toutes ses dimensions, horribles pour vous. Demandez-vous maintenant quelle est votre part dans ce conflit. Quelles choses utilisez-vous qui contribuent au problème et qui justifient l'action de ces personnes ? Faites maintenant un Ho'oponopono. Votre subconscient sait depuis longtemps que vous n'êtes pas en harmonie avec vos valeurs conscientes et que vous vivez un conflit intérieur. Pardonnez-vous inconditionnellement, et pardonnez-vous ainsi qu'à tous les autres pour votre comportement. Dites pendant toute une journée, tandis que vous vous observez, les quatre phrases miracles et, ce faisant, cherchez des possibilités constructives de faire quelque chose pour la nature. Merci.

De la séparation à l'unité

En ce monde il n'y a rien d'insignifiant ou de médiocre. Tout être a son sens et est l'expression de la vie en soi. Tout ce qui est, est réalité. Les deux syllabes *ré* et *el* viennent de l'égyptien. *Ré* renvoie à « Dieu », et *el* peut être saisi comme « pénétrant », « existant ». Dans la langue des prêtres, le mot *réel* décrivait l'existence de Dieu, qui pénètre tout, l'hologramme complet omniprésent, la vérité absolue. En d'autres termes : il n'y a que Dieu.

Dans l'histoire de ce qu'il est convenu d'appeler le « péché originel », l'ego matériel – la fausse représentation de ce que je suis – a essayé de se séparer de la réalité, de Dieu et, dans son angoisse, a créé beaucoup de vérités relatives. « Tout est relatif » dit-on depuis. Les mensonges ont été déclarés vérités, et la loi du plus fort a été établie. Ceux qui pensaient différemment et les « non-civilisés » ont été considérés comme des animaux de moindre valeur. Ils n'avaient aucun droit, devaient être éduqués, et on avait la permission de les tuer. C'est seulement en propageant le triomphe de son expansion que la fausse compréhension du moi pouvait compenser sa médiocrité et dévaloriser tout ce qui ne s'adaptait pas à sa conception pour être « quelque chose de particulier ». L'une de ces idées fausses s'énonce ainsi : « Quand j'ai davantage, j'ai aussi plus de valeur et, quand je n'ai pas ce plus, je suis de moindre valeur. »

Dans les années 1990, je devins éditeur. Je me souviens encore exactement de ce sentiment d'être soudain quelque chose de particulier. Cela dura à peu près une semaine, puis le quotidien reprit ses droits. La seule chose qui avait changé, c'était ma désignation professionnelle, mais moi je n'avais pas changé.

Cela se passa plus mal pour un homme de Boston, comme le rapporte l'avocat américain Bill Ferguson, spécialiste du divorce, dans une vidéo mise sur YouTube[3]. L'homme en question trimait et économisait pour réaliser un rêve : une maison à un million de dollars. Il y arriva, acheta sa maison dans une belle contrée et se sentit grandiose – pour quelques

3 YouTube est un site Internet où vous trouvez des millions de vidéos enregistrées par des utilisateurs d'Internet. www.youtube.fr

heures en tout cas. En effet, quand il entreprit une promenade dans le voisinage, il constata qu'il avait acheté la plus petite maison du quartier. Atterré, en proie à un énorme complexe d'infériorité, il mena à sa femme une vie infernale. Pourquoi n'avait-elle pas fait attention ? Elle le quitta et, si je m'en souviens bien, la maison fut vendue.

Notre erreur relativement à ce que nous sommes prend parfois des formes bizarres, par exemple quand des personnes se définissent par leurs maux et tombent amoureuses de leur problème. Le cerveau édifie alors un réseau neuronal, et l'on trouve sans cesse de nouvelles raisons de se sentir mal et d'être tel que l'on est, à savoir insuffisamment bon. On croit que les parents, l'éducation et l'environnement sont coupables. Le centre de toute cette souffrance est et reste la fausse compréhension de notre identité, l'ego matériel avec ses trois armes : la peur, la séparation et la culpabilité.

Un exercice Ho'oponopono

Adossez-vous, détendez-vous et laissez libre cours à vos pensées. Quand vous sentez-vous meilleur(e), supérieur(e), plus humain(e), mieux considéré(e) que d'autres ? En quelles occasions est-il si beau d'être un Français, un Allemand, un Blanc, un Indien, un homme ou une femme, parce que les autres, précisément, « n'ont aucune notion de rien » ? Visualisez ces situations typiques. Faites maintenant un Ho'oponopono et demandez pardon à tous ceux que vous considérez comme inférieurs, de moindre valeur. Dans une seconde démarche, faites un Ho'oponopono et demandez-vous pardon pour toutes les occasions où vous vous êtes senti(e) de moindre valeur. Merci – vous venez de participer à la paix du monde.

Nos sens sont imparfaits et, selon les dires de l'ayurveda, neuf conclusions sur dix sont tout simplement fausses. Notre objectivité se réduit à 10 %. Jugements et évaluations conduisent à la séparation. Acceptation et pardon reconduisent à l'unité. La séparation conduit à la dysharmonie, à la solitude, à l'angoisse, à l'arrogance et à la maladie. L'harmonie et l'entente, en revanche, mènent à la joie, au bonheur, à la richesse intérieure (si l'on en a envie, il s'ensuit aussi la richesse extérieure) et à la santé. Dieu, l'Univers, la Source ne jugent pas, car ils savent qu'à chaque seconde, nous ne faisons que le possible pour nous-même. Quand nous jugeons, nous nous élevons au-dessus de Dieu.

L'intelligence spirituelle

Le but du Ho'oponopono et du principe d'Aloha est d'abandonner le jugement au sens de l'évaluation, mais de renforcer le pouvoir discriminant. Grâce aux quatre phrases miracles du Ho'oponopono, cette intelligence spirituelle, la compréhension supérieure des lois spirituelles et de l'unité de tout être sont renforcées. Les attributs de cette forme d'intelligence sont la pondération, une bonne capacité d'appréciation de soi même et de ses propres forces (en définitive, on ne veut pas se nuire ni nuire à autrui) ainsi qu'un bon pouvoir discriminant pour ce qui élève et ce qui s'oppose à son propre développement.

Avec quelle rapidité se nuit-on à soi-même et aux autres quand par exemple on ne dispose pas d'une bonne capacité d'appréciation, c'est ce que montre la vieille histoire suivante.

Un chameau buvait un peu d'eau dans le fleuve quand un scorpion l'aborda : « Ah, cher chameau, il est urgent que je passe le fleuve. Ma tante est malade et elle m'attend. Moi seul puis l'aider dans sa détresse, car je m'y entends à cuisiner une bonne soupe. Les chameaux sont les meilleurs nageurs du monde. Je t'en prie, sois généreux et fais-moi passer le fleuve. » « Hum, tu es quand même un scorpion, répondit le chameau. Je crains, si je te laisse monter sur mon dos pour te faire passer le fleuve, que tu ne me piques et que je doive mourir. » Là-dessus, le scorpion répliqua : « Oh, comment peux-tu penser cela de moi ? Quand nous serons au milieu du fleuve, si je te pique, je me noierai aussi. Aie confiance en moi, j'ai besoin de toi. » Sur ces paroles, le chameau s'accroupit et le scorpion grimpa sur l'une des bosses. Le chameau barbota dans le fleuve. Tous deux s'entretinrent, et le scorpion parla beaucoup de sa famille. Quand chameau et scorpion se trouvèrent à peu près au milieu du fleuve, le scorpion fit étinceler son aiguillon au soleil et piqua avec une grande force. La face tordue de douleur, le chameau demanda : « Pourquoi as-tu fait cela ? Maintenant, nous allons nous noyer tous les deux ! » Le scorpion répondit : « Je n'ai pas pu m'en empêcher. »

Nous autres hommes, nous ne sommes pas ce que nous faisons une fois, nous sommes ce que nous faisons sans cesse. Nous sommes nos habitudes. Grâce à la formule du Ho'oponopono, nous acquérons le calme et le sang-froid pour dire également non, une fois.

Un exercice Ho'oponopono

Dans l'exercice suivant, petit mais très puissant, nous reconnaissons l'effet du Ho'oponopono comme dialogue intérieur pour reprogrammer les actions inconscientes. Il s'agit d'une conversation avec notre subconscient ou, comme disent les Hawaiiens, d'une « conversation avec l'enfant intérieur ».

Si vous vous êtes reconnu(e) dans l'histoire du chameau, ou si vous connaissez quelqu'un qui fait volontiers quelque chose pour d'autres mais reste insatisfait parce que personne ne s'occupe de ses besoins, voici une bonne occasion de faire un Ho'oponopono. Dans cet exercice, nous voulons nous pardonner pour ne pas avoir fait suffisamment pour nous-même dans le passé, pour ne pas avoir veillé à nos propres besoins. Nous nous pardonnons pour nous être fait des reproches à nous-même, et pour en avoir fait à autrui. Veuillez vous adosser confortablement un moment et pénétrez dans votre cœur. Demandez-vous pardon pour avoir trop peu veillé à votre santé. Dites les quatre phrases miracles et répétez l'exercice pour tous les domaines qui vous viennent à l'esprit.

Je t'aime. Oui, je t'aime.
Je suis désolé(e). S'il te plaît, pardonne-moi. Merci.

Le Ho'oponopono dans la pratique

Le Ho'oponopono comme réunion familiale

La famille hawaiienne s'appelle *ohana,* « plusieurs plantes avec une racine commune », et l'on dit : « Si une personne a un problème dans une famille, tous ont un problème. » Oui, c'est facile à comprendre. Pouvons-nous être heureux et trouver la paix dans notre cœur quand quelqu'un qui nous est proche souffre ? Non, car nous sommes tous reliés ensemble. Reliés dans nos pensées, dans le cœur, dans le champ morphogénétique et par nos gènes. Peut-être avez-vous participé une fois à une réunion familiale et vécu intensément combien nous sommes tous reliés, même avec des personnes parfaitement étrangères.

Notre poste de travail est aussi une sorte de famille. Beaucoup de gens y passent plus de temps qu'à la maison et y partagent plus de sentiments qu'avec leurs parents. Quand un collègue a un problème, que le chef est de méchante humeur ou qu'un harcèlement se produit… Qui a alors le problème ? Il n'en va pas autrement à l'école : elle est également une sorte de famille. Quand un élève est peu intégré à la communauté, il peut, pour obtenir de l'attention, déranger ses camarades ou pousser ses maîtres au bord de la folie.

Un Ho'oponopono comme réunion familiale s'effectue en quatre démarches.

1. La prière *(pule)*

Dans la prière en commun, on se relie à la Source, à Dieu et aux ancêtres. On s'élève à un niveau supérieur d'énergie. En d'autres termes : quand on fait toujours la même chose, *ou* précisément parce qu'on fait toujours la même chose, on obtient toujours les mêmes résultats. On confesse dans la prière qu'on a besoin d'aide parce que, peut-être, on est enlisé dans des modèles comportementaux. Cependant, au lieu de demander la solution du problème par un autre (« Mon Dieu, faites que Bernard se lave… »), on demande l'intuition, l'intelligence, la force d'écouter et le courage de dire la vérité. Finalement, le conflit est une possibilité d'accéder à la connaissance transcendantale et de grandir ensemble.

2. La description du conflit *(mahiki)*

Parallèlement aux éléments de la communication non violente, le conflit est décrit dans la deuxième démarche. On parle d'attentes et de besoins non satisfaits, mais aussi de torts, d'infractions aux règles et de souffrances.

3. La demande et l'octroi mutuels de pardon (*mihi* et *kala*)

Dans la troisième démarche, tous les participants cherchent leur part du problème. Les sentiers battus des relations typiques coupable/victime sont abandonnés et tous sont prêts à explorer sincèrement leur cœur pour chercher comment ils ont contribué eux-mêmes au problème.

Un exemple de clarification :

Dans une famille, quelqu'un se met à boire. Il néglige ses devoirs et, dans la vie commune, il en résulte d'autres problèmes et conflits. La question franche que chacun se pose maintenant dans son cœur est la suivante : « Si j'ai fait quelque chose qui a poussé mon frère à être insatisfait de lui-même et, de ce fait, à boire, qu'est-ce que cela pourrait être ? »

Peut-être s'est-on déjà détourné auparavant, s'est-on chamaillé, l'a-t-on brouillé avec son amie, peut-être ne l'a-t-on pas pris au sérieux, etc., de sorte que le frère a cherché dans l'alcool la solution de ses problèmes ? « Quelle est ma part dans le fait que mon frère boit ? »

Après que tous ont parlé et purifié leur cœur, il s'ensuit une demande et un octroi communs de pardon. La victime pardonne au coupable, le coupable pardonne au coupable, le coupable pardonne à la victime, et la victime pardonne à la victime. L'affaire est ainsi *oki*, « réglée ».

4. La prière commune de remerciement *(pule Ho'opau)*

Dans la quatrième démarche, on dit la prière commune de remerciement. La gratitude est essentielle, car l'affaire est maintenant entre les mains de Dieu, des anges et des ancêtres, et ils se soucient de la transformation. Notre tâche est de faire confiance à l'action de Dieu et de ne plus agir de la manière habituelle. *Oki* est en effet *oki*. Traditionnellement, un Ho'oponopono se termine par un repas pris en commun.

Nous vivons tous dans divers regroupements, que nous percevons comme des familles : la famille parentale, l'association, la ville ou le pays. Les hommes appartiennent à la famille des mammifères, et la globalité, notre grande famille, nous l'appelons *écosystème*. Le champ d'application et les possibilités de Ho'oponopono sont vastes. Peut-être vos collègues ne seront-ils pas prêts à prier avec vous et à faire… quoi ? Un Hopopo ? Mais vous pouvez le faire pour vous-même, mentalement, et observer ce qui se passe.

Avant que le soleil ne se couche, pardonne.

Proverbe hawaiien

Le Ho'oponopono comme méthode de purification personnelle

Relations et couple

Nous sommes tous Esprit de Dieu *(kane)*. Nous sommes les enfants de Dieu et, en tant que frères et sœurs, nous avons hérité d'un paradis. C'est notre devoir naturel que de préserver ce paradis, la Terre. Tout comme nous avons reçu notre corps en cadeau, nous vivons sur la Terre sans notre intervention. Nul d'entre nous n'a fait l'eau, l'air ou la terre. Pourtant, d'une certaine manière, nous avons du mal à coopérer.

Tant que l'on vit seul(e), on peut se prendre pour une personne très sociable. En tout cas, je me suis toujours considéré comme parfaitement o.k. Or, toutes mes amies ne partagent pas cette opinion. Dans un couple, ou sur le lieu de travail, partout où cela devient étroit, tout le monde remarque très vite vos défauts. Tout le monde les voit, sauf vous-même.

Quand on presse un tube de dentifrice, il en sort de la pâte ; dès qu'on presse une personne dans une relation, il en sort ce qu'elle contient. Que ce soit dans un mariage ou en tant qu'être humain, c'est un devoir de vie que d'apprendre à coopérer – pour le plus grand bien des hommes, des animaux, des plantes et des pierres.

Un exercice Ho'oponopono

Si donc vous avez des difficultés avec une personne, bénissez-la et répétez sans cesse mentalement :

Je suis désolé(e). Je te prie de me pardonner.
Je t'aime. Merci.

Rappelez-vous : toute situation cache un devoir d'apprentissage. Faites une liste de toutes les personnes, de tous les animaux et de toutes les plantes avec lesquels vous voulez vous mettre au clair. Faites ensuite avec chacun, mentalement, un Ho'oponopono.

Dieu dort dans les pierres,
rêve dans les plantes,
s'éveille dans l'animal
et agit dans les hommes.

Proverbe indien

Peut-être vivez-vous, ou avez-vous vécu, dans un couple malheureux, ou bien venez-vous de mettre fin à une relation et portez encore en vous des blessures qui doivent être guéries. Tant que nous pensons à une relation avec rancune, haine, tristesse ou déception, nous n'attirerons qu'une relation semblable, du fait du principe de résonance, ou bien, d'une façon générale, nous nous barrerons la route à une relation amoureuse harmonieuse. Si vous ne guérissez pas les blessures provenant de vos anciens couples, il est très vraisemblable que la même chose vous arrivera de nouveau. La colère, la haine et l'amertume sont des sentiments forts qui attirent très précisément ce qu'ils visent.

Un exercice Ho'oponopono

Veuillez vous pardonner d'avoir vécu dans une relation qui ne vous a pas fait du bien. Ce qu'il y a de positif, dans cette affaire, c'est que maintenant vous le savez mieux. Vous êtes donc gagnant(e) ! Détachez-vous énergétiquement de votre vieille relation, pardonnez à votre partenaire et libérez-vous. Pardonnez-vous inconditionnellement et prenez congé de tout sentiment de culpabilité.

Santé

Jésus de Nazareth est considéré comme le plus grand guérisseur de l'histoire biblique dans le monde. Il a guéri des aveugles, des paralysés, des esprits dérangés et d'autres encore. Mais stop ! Il est partout affirmé dans les récits bibliques que ce n'est pas lui qui a guéri les gens, mais leur foi. Nous sommes en bonne santé et guéris à l'instant où nous reconnaissons notre perfection et où nous accomplissons le changement de paradigme. Cela peut arriver spontanément, mais il faut aussi parfois s'y exercer, par exemple par des affirmations.

Toute guérison du corps était précédée d'un Ho'oponopono dans un temple hawaiien. La raison en était que, avant que le corps ne puisse être guéri, l'esprit doit l'être, car notre conscience contrôle la matière. Nous savons de par la physique quantique que la conscience est le facteur décisif pour créer une réalité à partir d'une nébuleuse de possibilités.

Un autre grand médecin de l'histoire mondiale, Hippocrate, a écrit à ce sujet : « Il n'y a pas de maladies inguérissables, il n'y a que des personnes inguérissables. » Guérir, c'est devenir complet car, quand nous sommes malade, quelque chose nous manque. Mais ce qui nous manque, ce n'est pas la santé, mais la foi et la confiance en notre perfection. Peut-être que la confiance nous manque parce que l'expérience nous manque. Quelqu'un qui n'a encore jamais eu de crise d'asthme se sent en effet différent de quelqu'un qui voudrait se débarrasser de son asthme à tout prix.

Dans les langues scandinaves, le mot *santé* évoque la possibilité de vaincre un grand abîme. Dans un Ho'oponopono, nous surmontons le fossé qui nous sépare de notre perfection. En nous exerçant à nous détourner des pensées, des paroles et des actes négatifs, destructeurs, nous pénétrons de nouveau dans l'unité et l'harmonie divine.

Après avoir découvert les rapports entre les dispositions mentales et physiques, Louise L. Hay, auteure dans le domaine de la pensée positive, publia en 1983 le classique *Heile deinen Körper*[4]. Quelques années plus tard, ses découvertes furent mises à rude épreuve : elle eut un cancer. Dans une interview relative à son film *You can heal your life – the movie,* elle raconte comment elle a guéri son cancer par une détoxication conséquente, physique et spirituelle. Son épreuve, son défi résidaient en ceci qu'elle devait se débarrasser de toutes les expériences traumatisantes de l'enfance et pardonner à tous ceux qui y avaient

4 Louise L. Hay, *Heile deinen Körper* (Guéris ton corps. Les raisons mentales et spirituelles de la maladie du corps et la voie holistique pour la surmonter), Lüchow, Fribourg, 2010.

pris part. Dans son travail thérapeutique, elle reconnut que sa maladie et la plupart des maladies et problèmes de ses clients disparaissaient dès qu'elle et ses clients commençaient à s'accepter, à se pardonner et à s'aimer. « Je t'aime. Je m'aime. » « Je t'aime » signifie « je m'aime ». Le subconscient ne fait aucune différence entre l'intérieur et l'extérieur.

Quand on ne se pardonne pas les fautes du passé et que l'on croit être coupable, on tombe malade. En fin de compte, on doit être châtié(e) pour ses fautes, et souffrir. C'est très simple. Quand vous ne cessez de vous réprimander pour quelque chose, vous programmez votre subconscient pour la destruction. Vous mangerez alors trop ou trop peu, vous dormirez trop ou trop peu, peut-être travaillerez-vous excessivement, ou encore vous ne serez plus jamais satisfait(e) de rien. Quand nous nous réprimandons et nous châtions inconsciemment, il peut arriver que la mauvaise opinion que nous avons de nous-même non seulement affaiblisse notre système immunitaire mais fasse aussi plonger dans le rouge notre compte en banque. Finalement, quelqu'un qui ne vaut rien n'a pas d'argent, et il ne mérite aucune récompense.

Profession, vocation et rémunération

Chacun de nous a des capacités singulières. Ces talents sont la contribution particulière au bien de la collectivité. Chacun de nous porte en soi un précieux trésor : sa vocation individuelle. *Vocation* signifie qu'il y a en nous un appel, une destination. Quand nous suivons cet appel, tout est en ordre. Nous sommes alors en accord avec nous-même et avec la vie. Notre vie suit un plan, qui est plus grand que nous-même.

Veuillez vous représenter la situation suivante : vous êtes couché(e) sur votre lit de mort et vos capacités entrent, l'une après l'autre, pour vous demander pourquoi vous n'avez plus rien fait pour les développer. Finalement, votre rêve entre, le rêve que vous avez toujours eu et il demande : « Pourquoi ne m'as-tu pas animé ? Chaque jour, je t'ai parlé. » Que voulez-vous répondre ?

Un exercice Ho'oponopono

Si vous ne connaissez pas encore votre vocation, si vous êtes au chômage ou si vous avez un job qui vous détruit, mentalement ou physiquement, pardonnez-vous maintenant. Faites un Ho'oponopono. Ayez confiance et faites les quatre démarches. Sortez de l'ombre pour entrer dans la lumière. Aimez-vous et acceptez-vous inconditionnellement, quelle que soit votre situation présente. Dirigez alors conséquemment votre attention sur la solution.

L'argent est l'expression de la valeur de notre prestation, notre récompense. Un ami demande par exemple, pour son travail comme jardinier, des honoraires très au-dessus des prix pratiqués dans le pays. « Parce que je m'aime », m'a-t-il dit une fois en souriant. Et il a toujours de bonnes commandes – de la part, naturellement, de personnes qui s'aiment aussi et qui apprécient son travail. Commencez à vous apprécier et vous élèverez votre valeur.

L'état de votre compte en banque est notamment l'expression de l'image que vous vous faites de vous-même. Si le montant de votre compte en banque monte et descend constamment, demandez-vous simplement où il y a des parallèles à l'intérieur de vous. Recherchez-en le motif dans votre cœur et pardonnez-vous ensuite. Ce faisant, réfléchissez au phénomène suivant : aux États-Unis, des recherches ont montré que 90 % des millionnaires du loto américain se retrouvaient au bout de deux ans à leur niveau financier d'avant le gain. Se pourrait-il que notre réalité soit le résultat direct de notre conditionnement, de nos modèles cognitifs et comportementaux ? Apparemment, la cause est dans l'esprit et l'effet est dans la matière.

Le défi de la politique mondiale

Quand quelqu'un dans la famille a un problème, c'est le problème de tous, et il en va exactement de même sur le plan national, sur le plan européen et sur le plan mondial. Le monde serre les rangs non seulement du fait d'Internet, mais aussi à cause des moyens de transport modernes, qui nous permettent d'atteindre n'importe quel point du globe en un temps de plus en plus court. Nous nous voyons confrontés à de grands défis : génocides, guerres de religion, crises énergétiques, crises bancaires et corruption, fleuves de sang qui n'en finissent pas à cause des abattoirs, de la pauvreté, de la faim dans le monde et des catastrophes environnementales. Et en plus, *last but not least* : depuis 50 ans, l'homme produit quelque chose qui menace de l'étouffer : des ordures.

Que peut faire l'individu, que pouvons-nous faire, vous et moi ? Comment pouvons-nous échapper au sentiment d'impuissance et à l'attitude de victime – « de toute façon, je ne peux rien faire » ?

Je suis une partie de ce monde.
Si je change, je change le monde.

Si vous et moi commençons à véritablement comprendre ce qu'occasionnent la foi et la confiance, les paroles et les sentiments, les lois quantiques, l'amour et le pardon, nous possédons un outil puissant pour imprimer une direction positive à l'histoire du monde.

Connaissez-vous les hologrammes ? Un hologramme est une image ayant une propriété particulière : si vous la fractionnez et si vous observez à la loupe l'une de ces nouvelles images, si petite soit-elle, vous voyez toujours l'ensemble de l'image sur chaque fraction. Transposé sur le plan métaphysique : ce qui est dans le petit est comme ce qui est dans le grand. Un macrocosme dans le microcosme. Notre Univers est un tel hologramme. Nous vivons dans un hologramme.

Vous et moi sommes des parties de cet Univers, nous sommes des parties et des copies de Dieu. Cela signifie que l'Univers et Dieu agissent aussi à travers nous. Faites un pas dans la direction « faire correctement correct » ; alors, tout l'Univers fait un bond en direction de l'harmonie et de la paix. Cela confère à chaque individu pouvoir et responsabilité.

Chacun peut commencer par soi-même : si quelque chose vous dérange, si vous avez envie d'améliorer ou d'harmoniser quelque chose sur cette planète, veuillez vous poser les questions suivantes :

1. Qui a le problème ?
2. Qui est le problème ?
3. Qui a le pouvoir ?
4. Qui a la responsabilité ?

Pour toutes les questions, faites un Ho'oponopono, pardonnez-vous et pardonnez à tous ceux qui, d'une manière ou d'une autre, sont impliqués, et faites-le inconditionnellement.

Après vous être retiré(e) de l'autodestruction, et ainsi de la destruction de la planète, après vous être réfugié(e) dans l'amour, faites le changement de paradigme et cherchez de nouvelles possibilités. Demandez-vous : s'il y avait quelque chose que je puisse faire pour être une partie de la solution, qu'est-ce que ce serait ? Déplacez simplement votre attention du problème vers la solution.

Nous sommes tous
dans le même voyage.

Guérissez-vous vous-même,
et guérissez le monde.
Merci.

Postface

Aloha, chères lectrices, chers lecteurs,

J'espère que la lecture de mon petit livre vous aura permis de glaner de précieuses connaissances et que vous êtes prêts pour vos prochaines démarches personnelles. Peut-être avez-vous pris conscience de choses que vous voulez changer ou développer dans votre vie. De tout cœur, je vous souhaite de réussir dans ces processus.

Peut-être voulez-vous maintenant en apprendre davantage sur Ho'oponopono. J'ai écrit un autre livre sur la question : *Heile dich selbst und heile die Welt* (Guéris-toi toi-même et guéris le monde). Si vous désirez un conseil pour vous personnellement, pour votre couple ou votre entreprise, vous trouverez des informations sur Internet sous www.Heile-dein-Herz.de

Mahalo nui loa, grand merci.
Me ke aloha pumehana, avec mes cordiales salutations.

Votre Ulrich Duprée

Crédits photos

Page 6 : Fotolia_28413111/© Marianne Mayer

Page 7 : Fotolia_10660656/© Eva Browning

Page 14 : Fotolia_7066601/© William Wang

Page 24 : Fotolia_ 5824893/© margouillat photo

Page 28 : Fotolia_11442364/© Natasha Art

Page 40 : Fotolia_23491751/© 808isgreat

Page 46 : Fotolia_2021272/© NorthShoreSurfPhotos

Page 48 : Fotolia_8253365/© Ilja Mašík

Pages 51,60, 69, 74 : Fotolia_2397401 /© Marina Krasnovid

Page 52 : Fotolia_9975251/© Melany Dieterle

Page 56 : Fotolia_1441534/© NorthShoreSurfPhotos

Page 58 : Fotolia_10725194/© Katrina Brown

Page 64 : Fotolia_13728697/© Nadja

Page 70 : Fotolia_15845237/© idreamphoto

Page 80 : Fotolia_535429/© klikk

Page 94 : Fotolia_8538107/© Chad McDermott

Motif floral des exercices : Fotolia_ 5259638/© TAlex

Achevé d'imprimer en juillet 2012 par EMD S.A.S. – 53110 Lassay-les-Châteaux
N° d'impression : 26868 – Dépôt légal : juillet 2012

Imprimé en France